Das kleine Buch vom Engel an deiner Seite

Erich Purk
mit Bildern von Irmtraud Schniedenharn

Wir finden Schutz unter deinen Flügeln,
du trägst uns sicher durch den Sturm der Zeit,
durch alle Wüsten, jede Dunkelheit.
Du trägst uns sicher durch den Sturm der Zeit.

Hans-Jürgen Netz

Stefan Adam   Suzanne von Borsody   Wolfgang Fierek

Lara Joy Körner   Ines Krome   Johannes Kuhn

Felix von Manteuffel   Marie-Luise Marjan   Alfredo Pauly

Witta Pohl   Sydne Rome   Mary Roos

Jutta Speidel

Inhalt

Vorwort

Engel sind kirchliche Ladenhüter, die auf den Speicher der Kunstgeschichte gehören", werden manche Zeitgenossen sagen. Glauben Sie, dass es Engel gibt? Als feierlicher Kitsch an den Weihnachtskrippen sind sie unproblematisch. Als Erzengel oder als Schutzengel sind sie den Menschen heute nicht mehr zuzumuten. Denkste! Weit über die Hälfte der Bevölkerung glaubt heute wieder an Engel. Die Rückkehr der Engel ist kein modisch befristetes Phänomen. Viele Menschen suchen die Freundschaft der Engel und vertrauen auf ihre Begleitung.

Der Glaube an Engel ist ein Phänomen, dem man nahezu überall auf der Welt begegnet. Aufklärung und Wissenschaft konnten ihn nicht ausmerzen. Da der Glaube an himmlische Wesen sich so hartnäckig im menschlichen Bewusstsein erhalten hat, muss es sich wohl um etwas Tiefgründiges handeln.

Alles, was von Engeln gesagt, geschrieben und behauptet wird, berührt ein größeres Geheimnis, das Gott selbst ist. Die Sprache kann nur umschreiben, das Geheimnis umkreisen, sich annähern. Es ist wie eine unkalkulierbare Entdeckungsreise, bei der man aufmerksam die Spuren liest, um die Richtung nicht zu verlieren. Engel auf der Himmelsleiter, wie Jakob im Traum sie sah, sind für den Allmächtigen die Boten, die Kunde von ihm zu uns herunterbringen. Auf den Sprossen dieser Leiter kann auch unser Herz sich Schritt für Schritt dem Himmel nähern.

Eine wunderbare Beziehungsgeschichte beginnt. Gott ist im Innersten aller Kreaturen verborgen und ruft uns. Er ist die wahre Heimat aller Menschen. Sogar fern von Gott bewahren wir in unserem Wesen eine Erinnerung an ihn. Engel halten uns auf dieser Spur. Sie bauen Brücken, damit die Beziehung zu Gott nicht abbricht. So ist jeder Engel ein Stück vom Himmel, ein Stück von Gott zum anfassen. Der Unfassbare zeigt sich uns menschlich. Denn Engel erinnern uns daran, dass die Erdenschwere uns nicht festhalten kann. Unser Geist verbündet sich mit den Geistwesen, und unsere Sehnsucht trägt uns in unendliche Weiten. Wir durchbrechen die engen Grenzen und überspringen alle Horizonte.

Engel öffnen das Fenster, damit die Herrlichkeit Gottes uns erreicht. Sie bringen die Liebeserklärungen und sagen es so, dass wir keine Angst zu bekommen brauchen. Sie sind göttliche Wesen und tragen doch menschliche Züge. „Engel sind der untere Rand des Schönen, das wir gerade erst begreifen", schreibt Rainer Maria Rilke. Engel sind der Saum des Himmels. Sie sind wie Testamente der Zärtlichkeit Gottes.

Zeigen sich Engel auch heute? Ja, es gibt Menschen, die sind ihnen begegnet. Zwölf Sänger und Schauspieler haben ihre Engelbegegnungen für uns aufgeschrieben und Irmtraud Schniedenharn hat dazu ausdrucksstarke Engelbilder gemalt.

Wenn ich mit einem Satz zusammenfassen soll, was Engel mir bedeuten? Alles, was über die Engel gesagt wird, will nichts anderes verkünden als diese beglückende Botschaft: dass Gott sich auf tausenderlei Weise mit uns Menschen befasst.
„Könnte dich Gott nicht allein behüten?", fragt Martin Luther 1531 in einer Predigt am Fest des Erzengel Michael: „Er könnte es wohl allein tun. Er will es aber nicht tun, sondern er befiehlt solches den Engeln". So kommt der Engel auch an deine Seite.

Pater Erich Purk

In sich ruhen

Glauben Sie an Engel?

Es ist ein paar Jahre her, dass ich nach ziemlich anstrengenden Wochen in den Spessart fuhr, um mal so richtig auszuschnaufen. Mit dem D-Zug bis Frankfurt und dann von da aus mit dem Personenzug Richtung Aschaffenburg, hinauf in den Spessart. Es war Winter und es fing an zu schneien. Von Frankfurt an waren einige Leute mit mir im Abteil zusammen. Zunächst beteiligte ich mich nicht an ihren Gesprächen. Aber später – man konnte gar nicht anders – gab ein Wort das andere. Und so erfuhr ich manches von dieser schönen Spessartgegend.

Von Station zu Station wurden es weniger, die mit uns fuhren. Zuletzt waren außer mir nur noch zwei Leute im Abteil. Und als ich mich erkundigte, wie lange es noch dauern würde, da sagten sie mir: „Nun, so ungefähr 15 bis 20 Minuten, dann sind Sie da." Als die beiden ausstiegen, wandte sich einer noch einmal um und sagte: „Also jetzt, wenn der Zug wieder hält – bei der nächsten Station –, dann müssen Sie aussteigen!"

Der Zug fuhr weiter, und ich war nun sehr gespannt darauf, was mich da erwarten würde. Vorsichtshalber zog ich mir den Mantel an und machte mich fertig, um gleich bereit zu sein, wenn der Zug hielt. Und es dauerte auch nicht lange, da ruckte er plötzlich – und stand. Ich öffnete die Tür – noch immer dichtes Schneetreiben. Ich schaute nach unten – der Zug war ziemlich lang. So ein kleiner Bahnhof wird nicht viel Bahnsteig haben, dachte ich; ich kletterte runter, einen Koffer in der Hand, eine Handtasche über der Schulter, und als ich mich ein wenig orientieren wollte, ruckte der Zug wieder an und fuhr los. Ich schrie: „Halt, halt! Ich muss noch mit! Hier ist ja gar kein Bahnhof!" Aber der Zug war schon so im Rollen, dass ich nicht mehr aufspringen konnte. Da stand ich nun und sah nur noch die roten Lichter verschwinden. Na, zuerst einmal habe ich geschimpft: „So ein Blödsinn, hier in der Nacht auszusteigen!" Aber schließlich war ich derjenige, der sich zu genau an die Formulierung gehalten hatte: „Beim nächsten Halten müssen Sie schnell aussteigen – der Zug hält nur kurz!" Ein bisschen verstört war ich schon. Was sollte ich jetzt machen? In dem Schneetreiben war weit und breit kein Licht zu sehen.

Ich stapfte durch den Schnee. Immer an den Gleisen entlang. Es läuft sich gar nicht so einfach, wenn man von Schwelle zu Schwelle Schritte macht. Und schon gar nicht balanciert es sich gut auf den eisernen Schwellen. Dabei musste ich ja immer noch ein Ohr sozusagen nach hinten haben, um einen eventuell kommenden Zug nicht zu überhören.

Der Gesandte

Zuerst ging's ja noch. Aber das Gewicht des Koffers wurde schwerer. Immer häufiger musste ich eine Verschnaufpause einlegen. Wenigstens wurde es nun mit dem Schneetreiben besser. Bald hörte es ganz auf, und ich konnte einige Konturen erkennen. Rechts und links Felder, die begrenzt waren von den dunklen Wäldern. Jetzt riss sogar der Himmel auf, und Mondschein huschte über den Schnee. In seinem Licht sah ich, gar nicht weit entfernt, einen Viadukt. Na, dachte ich, dort muss doch irgendeine Straße sein. Plötzlich blieb ich wie angewurzelt stehen. Denn aus dem Schatten hatte sich eine Gestalt gelöst und war ein paar Schritte in das Mondlicht getreten, so dass ich sie nicht übersehen konnte. Ich erschrak. Was macht der hier um diese Zeit? Was hat der vor? Ich blieb stehen und rief die Gestalt an: „Hallo! Hallo, wer sind Sie?" Und ich habe meine kleine Geschichte in die Nacht hinaus gerufen zu ihm hin: „Ich bin hier zu früh ausgestiegen und laufe jetzt schon eine ganze Zeit die Schienen entlang. Ich möchte nach H. Können Sie mir helfen? Bitte!"
Keine Antwort. Aber die Gestalt trat auch keinen Schritt vom Fleck. Hatte ich mich vielleicht doch getäuscht? War's nur irgendein Strauch, der mit seinem Schattenwurf einer Gestalt glich? Ich ging ein paar Schritte weiter. Da bewegte sich der Schatten, kam den Bahndamm herunter – jetzt wusste ich: Es war ein Mensch in dieser weiten Einsamkeit. Ich rief ihn wieder an: „Bitte, helfen Sie mir!"
Noch immer keine Antwort. Aber die Gestalt blieb stehen. Nun konnte ich sie auch beim Näherkommen erkennen – einen Mann mit einem tief ins Gesicht gezogenen Hut, Lodenmantel an. „Ich bitte Sie um Verzeihung, wenn ich Sie gestört habe. Aber ich bin in einer blöden Situation und brauche dringend Hilfe. Seien Sie so freundlich und zeigen Sie mir den Weg nach H."
Ich machte noch ein paar Schritte auf ihn zu und stellte dann stumm meinen Koffer vor ihm nieder. Ich schaute das Gesicht eines Mannes an – er mochte um die vierzig herum sein –, ein verkniffenes Gesicht, und ich wiederholte meine Bitte. Er brummte etwas in sich hinein, nahm meinen Koffer auf, und so gingen wir zunächst einmal vom Bahndamm weg zu der Straße hin, die über den Viadukt führte. In meiner Freude, jemanden gefunden zu haben, sprudelte ich nur so heraus: „Was bin ich Ihnen dankbar, dass Sie hier waren. Sie schickt der Himmel! Ich weiß nicht, ob ich das bis nach H. geschafft hätte, allein auf den Gleisen entlang. Ein Glück, dass ich Sie getroffen habe! Damit hätte ich kaum zu rechnen gewagt!"
Er sagte noch immer nichts. Mir wurde das langsam unheimlich. Nur immer so ein Brummen: „Hm, hm, h" und „Da lang". Nun, ich wollte sein Schweigen respektieren und sagte auch nichts mehr. Und so gingen wir hintereinander her. Nach ein paar hundert Metern kamen

wir um eine Straßenkurve, und da stand abgestellt ein Auto. „Ist wohl Ihres", sagte ich. Und er nickte mit dem Kopf. Wir öffneten den Kofferraum des Wagens, er legte mein Gepäck hinein, und mit einer Handbewegung, wiederum ohne etwas zu sagen, öffnete er die Tür neben dem Fahrersitz und ließ mich Platz nehmen. Er setzte sich ans Steuer und dann fuhren wir auf der verschneiten Straße langsam voran.

Plötzlich, ganz unvermittelt, fragte er mich: „Glauben Sie an Engel?" Ich war ganz perplex – nach so langem Schweigen, nach soviel Zurückhaltung jetzt solch eine Frage. „Ja, schon", erwiderte ich. „In der Bibel kommen sie vor, die Boten des Himmels." Ich weiß nicht, was ich noch alles hinzufügte. Plötzlich unterbrach er mich und vertiefte seine Frage von vorhin: „Glauben Sie an Engel – heute?" – „Ich weiß nicht so recht", sagte ich, „Engel heute?" Zögernd sagte ich das, spürte aber wohl, dass er auf mehr wartete. Und ich fuhr fort: „Ja, Engel heute – wissen Sie, vielleicht so, dass wir es gar nicht mehr merken, weil sie uns nicht in jener Lichtgestalt begegnen wie damals auf den Feldern von Bethlehem. Es mag schon sein, dass mancher da einem Engel begegnet. Etwas, was ihn bewahrt. Oder was ihn führt. Oder…"
Da platzte er plötzlich heraus: „So einer sind Sie für mich heute! Sie werden das kaum glauben!" „Ich? Wieso?" fragte ich zurück. Und dann erzählte er – zunächst zögernd, dann immer ausführlicher. „Ich bin heute an die Bahnlinie gefahren, habe mein Auto dort hingestellt – und wollte mich umbringen. Ich hielt es einfach nicht mehr aus, das Leben. Ich lebe allein, müssen Sie wissen. Und heute war ich an so einem Tiefpunkt angelangt, dass ich gedacht habe: Mach doch einfach Schluss!" Und dann sprach er davon, was ihn alles dazu gebracht hatte, diesen Entschluss zu fassen. Und er endete damit: „Dann kamen Sie – gerade im richtigen Augenblick für mich. Und – merkwürdig – Sie riefen mich an, dass ich Ihnen helfen soll. Mich, der entschlossen war, Schluss zu machen!" Und er schüttelte den Kopf, so, als könnte er noch immer nicht glauben, was ihm widerfahren war: „Mir ist ein Engel begegnet!" Und zum ersten Mal sprach er von Gott und sagte: „Da hat der liebe Gott mich doch nicht im Stich gelassen!"
Viel haben wir hinterher nicht mehr geredet. Er fuhr mich bis zu dem Ort und ließ mich dann am Marktplatz aussteigen, zeigte mir die Richtung, wo der Gasthof war, stieg wieder in sein Auto und rief: „Danke! Sie glauben gar nicht, wie dankbar ich Ihnen bin, mein Engel!" – und fuhr davon.

Johannes Kuhn

Hol mir doch einen Engel

Unser täglicher Weg führte mich an der Hand meiner Mutter über den Friedhof unserer Stadt, die nach dem letzten Krieg stark zerstört war.

Ich war ein kleines Mädchen von sechs Jahren, und die Kindergräber am unteren Wege des Friedhofs zogen mich magisch an. Die kleinen Engel aus Marmor oder Stein lagen zum Teil zerbrochen oder mit nur einem Flügel auf dem Weg. Oft habe ich sie vorsichtig aufgehoben und den kleinen Gräbern zugeordnet, damit jedes Kind wieder einen Engel bekam. Wie oft habe ich mir gewünscht, selbst einmal solch einen Engel zu besitzen.

Eines Tages wurde ich sehr krank. Niemand wusste, was mir fehlte und als hohes Fieber dazu kam und ich in meinen Fieberträumen nach einem Engel rief, bekam meine Mutter große Angst. Sie sah mich schon in der Nähe des Todes. Als ich ihr zuflüsterte, sie möge mir doch einen kleinen Engel vom Friedhof holen, erschrak sie sehr. Sie erklärte mir leise, dass sie das nicht tun könne, weil das Kind seinen Engel doch vermissen würde und sie ihn doch nicht einfach wegnehmen dürfe.

Mein Zustand verschlechterte sich zusehends und voller Sorge um mich ging sie doch zu den Kindergräbern und brachte mir in eine Decke eingehüllt einen kleinen Engel aus Stein, der nur noch einen Flügel besaß. Behutsam legte sie ihn mir in die Arme und sagte: „Morgen früh muss ich ihn wieder zurückbringen, du weißt warum." Glückselig legte ich den Engel neben mich und schlief erschöpft ein. Als meine Mutter ihn mir am nächsten Morgen vorsichtig wieder wegnahm, in eine Decke hüllte und zurückbrachte, war ich nicht traurig, sondern ein wunderbares Gefühl war in mir. Eine ganze Nacht durfte der Engel bei mir sein.

Ganz allmählich besserte sich mein Zustand. Das Fieber ging langsam zurück, aber oft haben wir noch von diesem besonderen Erlebnis gesprochen.

Seitdem gehören Engel zu mir und begleiten mein Leben.

Irmtraud Schniedenharn

Trost

Gib deinem Engel einen Namen

Mein Engel heißt Ludwig. Ludwig war mein Cousin – und er war mein bester Freund. Wir waren unzertrennlich. Als er starb, war er gerade sechs Jahre alt. Ein Autounfall beendete jäh sein junges Leben. Noch heute sehe ich meinen Onkel, wie er Ludwig tot auf seinen Armen trug und ich sehe noch immer – wie damals – das verzweifelte Bangen und Hoffen meiner Tante bis der Tod zur furchtbaren Gewissheit wurde. Ludwig verstarb an inneren Verletzungen. Bis zur Beerdigung lag Ludwig aufgebahrt in unserem Hotelzimmer. Er trug seinen Lieblingspullover und er sah aus, als schliefe er nur. Seine Eltern und Verwandten trauerten untröstlich und weinten. Auch ich – ebenfalls erst sechs Jahre alt – saß stundenlang an seinem Bett. Ich konnte gar nicht verstehen, warum alle weinten und so traurig waren. Für mich stand fest: Ludwig kommt in den Himmel und wird ein Engel. Ludwig wird mein Engel! Ich hatte meinen besten Freund verloren. Ich vermisste ihn beim Spielen. Aber er war mir ganz nahe. In jeder Situation war er mein Gesprächspartner. Er konnte mich überall hören und verstehen. Seither sind 47 Jahre vergangen und auch heute noch spüre ich den Freund in meiner Nähe. Als mein Engel steht er mir zur Seite und verlässt mich nie. Immer wieder – davon bin ich überzeugt – stand er schützend vor mir, als Unheil mein Leben bedrohte. So, als ich mit acht Jahren beinahe eine Hand verlor; und unsichtbar saß er neben mir, als sich mein Auto bei einem Unfall fünfmal überschlug und ich ohne jede Verletzung das Autowrack verlassen konnte. Jahre später dann, bei einem Badeunfall, der mich fast das Leben kostete, war er es, der mir die rettende Hand schickte, die mich wieder ins Boot zog. Wohl schon hundertmal fühlte ich mich durch meinen Engel Ludwig behütet und beschützt. Doch das Wichtigste ist, dass ich durch ihn weiß, dass mit dem Tod nicht alles zu Ende ist. Dass wir Verbindung halten können mit unseren verstorbenen Freunden im Himmel. Wenn wir sie beim Namen rufen, bleiben sie an unserer Seite. Freundschaft verbindet sogar Himmel und Erde. Gott hat seinen Engeln befohlen, dass sie uns behüten. Manchmal begegne ich ihnen in Menschen, denen ich in die Augen schaue und ihre Herzensgüte entdecke.

Auch dir ist ein Engel zur Seite gestellt, vielleicht in einem Freund, vielleicht in einem Menschen, dem du in die Augen schaust und vertrauen kannst. Gib ihm einen Namen! Mein Engel heißt Ludwig!

Alfredo Pauly

Der Mitleidende

Da fing es an in mir zu singen

Als ich die Augen öffnete, strahlte mir die Sonne aufmunternd entgegen. Das konnte ich gut gebrauchen für diesen Tag. Zwei Jahre Studium lagen hinter mir, die Hürde der schriftlichen Prüfung war genommen und heute konnte ich mit der mündlichen Prüfung meinen Heilpraktikerschein erlangen. Ein wahnwitziges Vorhaben konnte heute zum Abschluss kommen.

Ich, die ich mein ganzes Leben nur Sängerin sein wollte und auch schon 20 Jahre auf diversen Bühnen stand, nun Heilpraktikerin? Da war sie wieder, die Frage der Schwarz-Weiß Entscheidung! Kann man zwei gleichwertige Leidenschaften haben? Meine Leidenschaft zum Singen wurde vor ein paar Jahren vor eine schwere Prüfung gestellt. Nach einem Bühnenunfall im Wirbelsäulenbereich fiel mir das Singen nicht mehr so leicht. Gleichzeitig Mutter zweier schulpflichtiger Kinder und Ehefrau eines fulminanten Mannes zu sein, der viel mit wochenlanger Abwesenheit glänzte, da kam mein Lebensschiff arg ins Wanken. Viele phantastische Ärzte kümmerten sich um mich, doch keiner konnte mir helfen. Manche kannten mich von der Bühne und waren selbst bestürzt, dass ihr Fachwissen mir nicht weiterhalf. Durch meine unfallbedingten Kopfschmerzen war meine Angst größer als meine Zielstrebigkeit und ich erstarrte innerlich immer mehr.

Der Zufall wollte es, dass ich mit Heilpraktikeranwärtern Kontakt bekam. Ich sah sofort in diesem Studium die Chance, mir mein geliebtes Singen zurückzuerobern, durch eigenes medizinisches Wissen die Ursachen meines Leidens zu finden. Ich stürzte mich also in die Physiologie und Pathologie von Magen, Darm, Leber und Konsorten, überwandt meine Spritzenphobie und lernte Blutegel lieben. Mein Singen blieb immer noch die Hauptquelle des Interesses. Doch allmählich wuchs eine Parallelwelt. Ich durchschaute gesundheitliche Zusammenhänge, die sehr alltagstauglich waren. Der Wunsch wuchs, nicht nur mit Singen die Menschen zu erfreuen. Letztendlich schob ich den Gedanken zur Seite, nur Sängerin sein zu können, und stürzte mich auf die Prüfung.

Die Vorbereitung für das Abitur war ein Klacks dagegen. Überall flogen Zettel herum, an den unmöglichsten Orten lagen Fachbücher, bis in die Nacht hinein wurden Probeprüfungstests im Internet gelöst. Die Standardfrage meiner Kinder war in dieser Zeit: „Wie viel Prozent hast Du geschafft?" Ab 75 % galt die schriftliche Multiple-Choice-Prüfung als bestanden. Für uns alle entwickelte sich ein neues Zeitmaß: Nach der Prüfung!! Unzählbar wie oft meine Kinder diese drei Worte hören mussten als Erklärung für kürzere Gute-Nacht Geschichten, lieblosere Butterbrote, ausbleibende Spielabende! Das Ganze gipfelte noch darin, dass ich die beiden Karfreitag zu meinem in Italien arbeitenden Mann flog. Ich flog ein paar Stunden später allein zurück und vergrub mich für den Endspurt.

Und nun war der große Tag da! Das „Einsame-Wolfstum" pflegend wollte ich zuerst ganz allein zum Gesundheitsamt fahren, doch zum Glück „drängte" sich ein liebe Freundin auf, mich zu begleiten. Ich war sehr berührt, da sie sich extra familienfrei für mich nahm und allein die Fahrtzeit zu mir eine Stunde betrug. Gleichzeitig war sie auch der Primus unseres Kurses gewesen, sodass ich alle 5 Sekunden Angstfragen souverän beantwortet erhielt. Sie war die Ruhe selbst und das tat gut. Nach einer weiteren Stunde Fahrzeit waren wir viel zu früh da und zelebrierten an einem nahe gelegenen Froschteich zum x-ten Mal das imaginäre Blutabnehmen. Dann trauten wir uns ins Gebäude, das Sachlichkeit und Humorlosigkeit ausstrahlte. Meine Nervosität wuchs! Vor dem Raum angekommen, ignorierte Sabine die Feuerschutzbestimmungen des Gebäudes (man muss Prioritäten setzen für ein höheres Ziel!) und stellte mehrere Kerzen auf die Fensterbank. Jede stand für einen bestimmten Wunsch von ihr für mich. Doch mein Puls raste immer mehr, meine Gedanken überschlugen sich, mein Kopf schien zu bersten. Und da geschah es: Nicht laut, aber klar und deutlich fing es an in mir zu singen: „In der Kindheit frühen Tagen" …ich hörte mir selbst zu und wunderte mich „hört ich oft von Engeln sagen" …das konnte nicht sein, in dieser Situation, ich sang… „die die hehre Wonne tauschen mit der Erden Sonne" … der Klang meiner Stimme schien meinen Geist zu beruhigen … „dass, wo bang ein Mensch in Sorgen schmachtet vor der Welt verborgen" …ja, das konnte man wohl sagen! … „dass, wo still es will verbluten und vergehn in Tränenfluten, dass, wo brünstig sein Gebet einzig um Erlösung fleht, da der Engel niederschwebt und ihn sanft gen Himmel hebt"… In mir wuchs eine nicht gekannte Fröhlichkeit, eine klare Heiterkeit, wie ich sie lange nicht mehr fühlte. Abgefallen waren all die Zweifel, die Mühe, die Hoffnungslosigkeit und ich spürte wieder meine ureigene Kraft „Ja, es stieg auch mir ein Engel nieder und mit leuchtendem Gefieder, hob er fern jedem Schmerz meinen Geist nun himmelwärts" …

Kaum war das Lied zu Ende ging die Tür auf und man bat mich in den Prüfungsraum. Es war ein Fest von Wachheit, Aufmerksamkeit und Offenheit, heiter, ohne Angst! Nach 25 Minuten war ich frischgebackene Heilpraktikerin. Das innere Licht strahlte noch lange in mir. Danke, lieber Engel!

Ines Krome

Anmerkung: Das Lied ist das erste der fünf Wesendoncklieder von Richard Wagner

Unter uns

Der Brieftaschenengel

Ein Jahr nach dem Beginn meines Engagements an den Städtischen Bühnen in Münster traf mich ein furchtbarer Schicksalsschlag, als meine geliebte Frau und Gefährtin plötzlich starb. Für mich war eine Welt zusammengebrochen, waren Zukunftspläne eingestürzt wie ein Kartenhaus. Damals rettete ich mich in die Arbeit, was zunächst einmal ganz gut funktionierte, denn als Sänger auf der Bühne oder im Konzert gibt man ab, singt sich etwas von der Seele. Dennoch war da natürlich eine große Leere, ein großer Schmerz. Als ich nach einem ganz normalen Arbeitstag das Theater verließ, wurde mir an der Pforte ein kleiner Umschlag ausgehändigt, auf dem mein Name stand. Zum Vorschein kam eine handgemalte Engelkarte mit nur einem Wort darauf: Verstehen. Daneben ein kleiner Umschlag mit einem kurzen, persönlichen Gruß: „Trotzdem wir uns kaum kennen, möchte ich Dir diesen Brieftaschenengel schicken, als Zeichen meines tiefen Beileids und für den sicheren Beistand deiner Kollegen."

Ich wusste damals mit dem Namen dieses Menschen nichts anzufangen, dennoch war diese kleine Gabe für mich wie ein Sonnenstrahl, der durch die Wolkendecke bricht. „Es müssen nicht Männer mit Flügeln sein, die Engel." Wie wahr doch der Beginn dieses Liedes ist. Mir sollte erst einige Zeit nach dem Empfang dieser Engelbotschaft bewusst werden, welcher Engel das gewesen war. Wenn ich bei Proben oder nach Vorstellungen in den Orchestergraben schaute, saß da immer eine Frau, die zu uns auf die Bühne schaute und dabei über das ganze Gesicht strahlte. Eine kleine, aber so schöne Geste, die ich immer dankbar auf- und wahrgenommen habe. So entstand mehr Kontakt zu einer Kollegin. Und eben jene Kollegin war es, die mir diesen Engelgruß geschickt hatte, der mir die Tage der Trauer, des Abschieds, der Neuorientierung und des Gefühls der Einsamkeit auf so wunderbare Weise erhellte. Es müssen nicht Männer mit Flügeln sein… Der Brieftaschenengel ist seit damals mein ständiger Begleiter und diese Kollegin ist mir zu einer wunderbaren und ganz wichtigen Freundin geworden.

Jetzt, in der Rückschau, wird mir erst klar, wie viele Engel mir in meinem Leben bereits über den Weg gelaufen sind, ohne dass ich sie bemerkt, wahrgenommen habe. Und ich weiß, dass Gott mir diesen Engel gesandt hat, mir zu zeigen, dass ich nie allein bin, sondern mich von ihm behütet und getragen wissen kann.

Stefan Adam

Woher, wohin?

Ein Engel in Beirut

Im Jahre 1980 war ich eine vielbeschäftigte Schauspielerin. Ich arbeitete und lebte in der ganzen Welt. Ich drehte einen Film in Barcelona und drei Tage nach der letzten Aufnahme musste ich in Buenos Aires singen. Es war eine erfüllte Zeit in meinem Leben. Ich arbeitete, war gefragt und verliebt. Julios Terminplan war sogar noch komplizierter als meiner. Sänger bleiben nie länger als zwei Tage am selben Ort; einen Tag für die Probe und den anderen für das Konzert. Sie können sich denken, dass wir uns selten trafen. Er lud mich ein, ihn in Beirut zu treffen, gerade zu dem Zeitpunkt, als mein Film fertig und ich unterwegs nach Buenos Aires sein würde. Ich teilte ihm mit, dass es unmöglich wäre, aber es tat mir leid, mich so entscheiden zu müssen. Ich musste einfach an ihn denken und schließlich, am Tag vor dem Abschluss des Filmes kam ich zum Entschluss, für eine Nacht nach Beirut zu fliegen, und am nächsten Morgen weiter nach Südamerika. Ja, das könnte ich tun. Ich buchte den Flug: Barcelona-Beirut, Beirut-Buenos Aires mit Zwischenstopp in Athen in Griechenland… Jemand sagte noch, bevor ich aufbrach, dass andauernd Krieg herrsche zwischen Libanon und Syrien und dass ich ein Visum brauchen würde, aber ich war überzeugt, dass ich diese verdrießlichen Probleme umgehen könnte. Ich versuchte Julio anzurufen und ihm meine geänderten Pläne mitzuteilen konnte ihn aber nicht erreichen. „Oh" dachte ich, „diese arabischen Länder müssen enorme Probleme mit ihren Kommunikationssystemen haben." An den Krieg habe ich nicht gedacht.

Quietschfidel reiste ich los. Ich winkte über Barcelona, eine Stadt, die ich sehr gern habe, und reiste an Bord der griechischen Fluggesellschaft nach Athen. Ich liebe es zu überraschen. Was für eine Überraschung würde das sein für Julio! Das Flugzeug landete in Athen und die Behörden erwarteten mich am Fuße der Flugzeugrampe. „Frau Rome", sagte ein lächelnder, griechischer Beamter, „Sie werden nicht in Beirut einreisen können, weil Sie kein Visum haben." Ich überzeugte die griechischen Behörden, mich ohne Visum nach Beirut weiterreisen zu lassen… Ich sagte ihnen, dass ich mein Glück versuchen würde und gelangte so in das Flugzeug nach Beirut. Als wir dort ankamen, wurde ich wieder am Fuße der Treppe auf dem Rollfeld begrüßt. Diesmal war die Nachricht nicht vielversprechend. Wegen der andauernden Kämpfe kam niemand ohne offizielle Papiere auf libanesischen Boden. Es war offensichtlich zu unserem eigenen Schutz. Unter diesen Umständen musste jeder ohne Visum das Land auf dem nächsten Flug verlassen. So wurde ich auf den Flug mit Air Maroc nach Damaskus gesetzt. Neben mir saß der einzige andere Erste-Klasse-Passagier. Das Flugzeug war in Wirklichkeit beinahe leer. Wer wollte schon nach Damaskus während des Krieges? Wir begannen über meine Schwierigkeit zu reden und ich brachte in Erfahrung, dass er genau dasselbe Problem hatte … interessant. Sein Name war Fuat und er war ein Araber, der in Deutschland lebte… ein Doktor. Er war auf dem Weg nach Beirut zu einem medizinischen Kongress. Ich erinnere mich nicht weshalb, aber er hatte auch kein Visum für Beirut. So waren wir beide höchst aufgeregt und wollten beide nach Beirut gelangen. Er sagte mir, er würde mir in Syrien helfen. Wir könnten am Flughafen ein Visum bekommen, ein Hotel suchen und eine Möglichkeit ausfindig machen, um am nächsten Morgen nach Beirut zu gelangen. Ich war voller Hoffnung.

Nach unserer Ankunft in Damaskus hielt ich mich an Fuat und tat, was immer er sagte. Wir entschieden uns, in ein französisches Hotel zu gehen… ein wenig von Europa zu unserem Schutz. Er bekam unsere Visa für eine mäßige Summe und wir bewegten uns hinaus, um ein Taxi zu finden. Die Taxis waren zu jener Zeit kollektiv. Wir teilten ein Taxi mit einem anderen Paar und drei Kindern… es fuhr uns zum Hotel. Mein erstes Problem, noch bevor ich mein Zimmer bekam, war, nach Beirut zu telefonieren. Ich dachte, nun könnte ich Hilfe gebrauchen. „Unmöglich mit Beirut zu sprechen", erklärte Fuat. „Die Telefonleitungen sind während der letzten vier Tage bombardiert worden." Wir begannen uns nach einer Möglichkeit zu erkundigen, über die mit Stacheldraht umzäunte und bombardierte Route nach Beirut zu kommen, und begannen zu verstehen, dass wir womöglich unser Ziel nach allem nicht erreichen würden.

Am nächsten Morgen war ich sehr früh wach. Ich traf Fuat zum Frühstück und sah Fuats sein strahlendes Gesicht. „Ich habe eine Fahrgelegenheit für uns. Wir fahren hinten auf dem Lastwagen, der die Zeitungen jeden Tag von Syrien in den Libanon bringt. Wir werden uns in den aufgerollten Persischen Teppichen im hinteren Teil des Lastwagens verstecken. So wird uns niemand sehen. Besonders du mit diesem blonden Haar… ohne Papiere versteckt, du könntest gesteinigt werden, wenn man dich findet. „Einverstanden", flüsterte ich, „lass uns losgehen." Irgendwann waren wir auf dem Lastwagen und versteckten uns. Es gab wirklich überall entlang der Strasse Stacheldraht und Armeepanzer. Fuat fragte mich: „Wohin sollten wir dann in Beirut gehen?" Da ich nicht die leiseste Ahnung hatte, wo Julio auftreten würde, antwortete ich instinktiv „ins beste Hotel der Stadt."

Fuat und ich blieben die ganze Zeit auf der Lade-
fläche versteckt. Wir kamen an die Grenze. Die Poli-
zei sprach mit dem Fahrer, den sie offensichtlich jeden Tag sahen und dem sie vertrauten... Wir kamen
über die Grenze und gingen direkt zum besten Hotel
Beiruts. Wir hatten es nach Beirut geschafft … wirklich. Dort sagte uns der Concierge, dass wir dieses
Hotel sofort verlassen müssten, da es im muslimi-
schen Viertel von Beirut gelegen sei. Mister Julio sin-
ge im Casino im christlichen Viertel. Aber wir sollten
nicht ohne Visa die Stadt durchqueren… wir riskier-
ten eingesperrt zu werden.

Was tun? Fuat wollte sicherlich nicht meine Überraschung für Julio zunichte machen, aber erneut, wir
konnten sicherlich nicht einfach ein Taxi mieten und
wegfahren… Ich entschied mich, das Casino anzurufen. Ich könnte nach seinem Manager fragen, ihn um
Hilfe bitten und ihm auftragen, Julio nichts mitzuteilen. Ja, das wäre die beste Lösung. Gesagt, getan.
Fuat ließ mich nie aus den Augen. Er war an meiner
Seite für alles, ich fühlte mich nie allein. Ich hatte
überhaupt nie Angst. Innerhalb einer Stunde kamen
der Manager und das Auto an. Er konnte die Story
nicht glauben, wie wir schließlich in dieses Land gekommen waren. „Ihr hättet getötet werden können.
Dies ist ein schlimmer Krieg. Sogar die Stadt ist gefährlich… Bleibt unten im Auto, wenn wir angehalten
werden haben wir Schwierigkeiten. Wie konntet ihr
das tun? Und Sie müssen morgen nach Buenos Aires
abreisen? Wie konnten Sie all das tun?" „Ich schaffte
es, dank Fuat." Wir kamen im Casino an. Der Raum
war sehr groß und leer, bis auf Julio, seinen Bruder
und seinen Vater. Ich ging in den Raum. Mein gelieb-
ter Julio stand auf und war fassungslos vor Erstau-
nen und Glück. Mit Fuat verabredeten wir, dass wir
uns später in der Show treffen würden.

Ich sah ihn nie wieder. Er war mein Schutzengel, da
bin ich so sicher wie ich mir meines eigenen Namens
sicher bin.

Sydne Rome

Wartender

Der Engel Kurt

Neulich saß ich in einem Café und sah auf der anderen Straßenseite eine Frau mit zwei Einkaufstaschen. Sie sah so traurig aus, dass ich zur Bedienung sagte: „Bin gleich wieder da." Ich fragte die Frau mit den traurigen Augen, ob sie nicht Lust habe mit mir einen Kaffee oder Tee zu trinken? Sie sah mich ganz erstaunt an, ist aber mitgegangen zu meinem Tisch. Es stellte sich heraus, dass ihre Mutter gestorben war. Sie hat mir viel von ihr erzählt und sie fragte sich, ob sie genug für sie getan hat. Sie hätte ihr ja so gerne noch gesagt, wie wichtig sie für die ganze Familie war. Die Frau schien sehr erleichtert als wir uns verabschiedeten. Ich bin gleich nach Hause gefahren und habe meinem Sohn und meinen Geschwistern gesagt, dass ich mich in diese Frau auf der Stelle verliebt hatte.

Wir bekommen durch unsere fünf Sinne so viele Zeichen. Wir müssen das Hören, Sehen, Fühlen, Riechen und Schmecken wieder neu aktivieren. Das ist nicht immer leicht in dieser schnelllebigen Zeit. Jeder von uns kennt einen Engel. Ich glaube wir müssen ihn nur erkennen. Meine Mutter war so in Engel. Menschen die sich um andere kümmern, ohne etwas zu erwarten sind Engel. Engel sind Boten. Sie werden uns geschickt. Sie sind Begleiter und Tröster wenn man ohnmächtig vor Sorgen ist oder wenn man einen geliebten Menschen verloren hat. Sie sind immer um uns herum, nicht nur in der Not. Der älteste Engel, den ich kenne, ist mittlerweile 92 Jahre alt und heißt Kurt Steinkrauss. Er hat mich meine ganze Jugend über begleitet. Wir haben uns vor über 30 Jahren in einem Fernsehstudio kennen gelernt und kamen ins Gespräch. Er war Theologe und hat sich wahrscheinlich aus Neugier als Kabelträger beim Fernsehen umgeschaut. Als Hobby begann er, Geschichten im Berliner Dialekt zu schreiben. Später, als seine Frau Hilde gestorben war, hat er ein ganzes Buch voller Geschichten und Liebesgedichte an sie veröffentlicht. Bisher habe ich nie eine so große Liebe erleben dürfen. Dieser Engel Kurt hat mir oft gezeigt, was es heißt, Mensch zu sein, Freude auch an Kleinigkeiten zu haben, Zufriedenheit, Glück, Lachen, Respekt in sich zu haben. Er hat dies immer ohne Zeigefinger getan. Dafür liebe ich ihn.

Er hat mir versprochen, wenn er in den Himmel kommt, ein gutes Wort für mich einzulegen und neben sich einen Platz für mich freizuhalten.

Mary Roos

Auf dem Weg

Anhalter Barfuß

Ich musste mit dem Auto von Berlin zu Dreharbeiten nach München fahren. Ich fahre so lange Strecken nicht gerne allein, ich fahre auch nicht gerne bei Regen, Schnee oder nachts, und zweispurige Fahrbahnverengungen machen mich nervös. Aber es ging nicht anders. Ich hatte meine Abfahrt immer wieder verschoben, doch alle, die mich ursprünglich begleiten wollten, sagten nacheinander ab. Es war ein verregneter Novembertag, die ganze Woche war schon so trüb und keine Wetterbesserung in Aussicht. Nun denn, was soll's, ich musste nach München. „Mach ich halt viele Pausen und lerne die Raststätten Deutschlands kennen."
Bis Magdeburg hatte ich 3 Stunden gebraucht. „Magdeburg, der direkteste Weg". Ich bin orientierungslos, merke mir bei Richtungsangaben immer nur die Hälfte. Natürlich hatte ich die längste Strecke nach München gewählt. „Dabei hab ich's mir doch aufgeschrieben." Der Regen war heftiger geworden und der Verkehrsfunk sagte kilometerlange Staus auf Grund von Straßenarbeiten voraus, während ich seufzend schon die dritte Raststätte anfuhr.

Als ich nach dem Tanken zum Bezahlen in den Laden gehe, sehe ich einen sich vor dem Regen schützenden, unter dem Dachvorsprung kauernden jungen Mann in Pullover und Jeans. Er hat einen Pappkarton unter dem Arm, auf dem „Berlin" steht. „Komisch" denk ich, „hier steht er aber falsch, das sollte ihm mal jemand sagen", und ich gehe in die Raststätte um zu zahlen. Als ich wieder rauskomme, ist er weg. Ich steige ins Auto, fahre los, und da ist er wieder. Kurz vor der Autobahnauffahrt. Er hält sich das Pappschild mit der linken Hand über den Kopf. Den rechten Anhalterdaumen in die Luft gereckt, sieht er mich an. Ich drehe die Scheibe herunter und rufe ihm zu: „Ich fahre leider nach München, ich glaube, Sie stehen hier falsch und recht gefährlich, hier darf man gar nicht mehr anhalten." „Da soll ich dann wohl hin", sagt er. „Aber auf Ihrem Schild steht doch Berlin", werfe ich ein. „Ich habe kein anderes gefunden", antwortete er. „Steigen Sie ein, bevor uns noch etwas passiert", fordere ich ihn auf.
In dem Moment fällt mir auf, dass er weder Tasche noch Mantel noch Schuhe anhat. Während wir zwei nun durch die regenverhangene Landschaft fahren, von Baustelle zu Baustelle, erzählt er mir, dass er bekommt, worum er bittet. Die Jeans hätte er heute Morgen in einer U-Bahn Station gefunden, den Pullover auf einer Toilette und das Schild in der Raststätte, in der wir uns getroffen haben. Ich muss grinsen, denn ich weiß jetzt schon, dass er Recht hat. Als erstes

werde ich dann wohl mit ihm in München Schuhe kaufen gehen. Wir stellen das Radio aus, da es sowieso nichts Neues zu berichten hat. „Das ist aber ein anstrengendes Leben" sage ich, „Was haben Sie denn mit Ihren anderen Sachen gemacht?" „Wir kommen nackt zur Welt und so treten wir auch wieder ab. Gehören tut uns nichts. Oder? Ist es nicht anstrengender, alles festhalten zu wollen und ständig in der Angst zu leben, es wieder zu verlieren? Wenn ich etwas wirklich brauche, bitte ich darum und weiß, dass ich es dann auch bekommen werde. Irgendwann." Hübscher Kerl, mit seinen grünen Augen und den dunklen Locken. Macht es sich aber ein bisschen einfach, denke ich und sage: „Der, dem die Hose vorher gehört hat…" „…der brauchte sie nicht mehr, sonst hätte er sie nicht für mich liegen lassen. Es ist ganz einfach. Zuhören und verstehen, handeln oder abwarten." „Woher kommst du denn?" will ich wissen. „Ach, ich habe gerade gelernt zu verstehen, was Vögel so sagen. Spatzen zum Beispiel. Ihre Unterhaltung ist recht einfach. ‚Wo bist du, ich bin hier.' oder ‚Ich hab was, was hast du?' Wenn sie nebeneinander sitzen, beschränkt sich die Unterhaltung auf ‚hier, da, dort und wo.' Auch die Straße ist ein Lebewesen, weil so viele Leben sich darauf und darüber bewegen. Das fällt schwerer zu verstehen. Es sind zu viele Stimmen. Da höre ich dann lieber auf den Asphalt." „Ergibt durchaus einen Sinn", nicke ich. „Da bin ich aber froh, dass ich einen Übersetzer an Bord habe." „Ich weiß…", dann sagt er nichts mehr und wir fahren in die nächste Baustelle ein.

Mittlerweile hat es angefangen zu schneien und die Dämmerung legt sich wie ein grauer Schleier über die Welt um uns. Auf der Gegenfahrbahn hat es schon wieder einen Unfall gegeben. Die Scheinwerfer blenden mich. Es fällt mir schwer, meine Aufmerksamkeit auf die Straße zu lenken. Hinter mir drängelt einer. Ein Lastwagen schert unerwartet aus. Wir kommen ins Schlingern. Der neben mir atmet nur einmal tief ein und aus. Wir können uns aber Gott Lob noch fangen. Ich bin froh, nicht alleine fahren zu müssen, auch wenn mein barfüßiger Mitreisender etwas weltfremde Ansichten hat und mich beim Autofahren nicht ablösen kann. Er ist durchaus sympathisch, sitzt ganz ruhig neben mir und ich fühle mich behütet. Dass wir über die letzten Stunden kein Wort gewechselt haben, fällt mir erst auf, als wir, kurz vor München, die letzte Baustelle passiert haben. „Wo musst du denn hin? Kennst du hier jemanden?" frage ich. „Und du?" „Ich würde jetzt erst mal zum Hotel fahren und meine Sachen ausladen. Morgen muss ich früh raus zur Arbeit." „Gut." sagt er und lehnt sich wieder entspannt zurück. Im Gegensatz zu mir. Nachdem alles unter den vielsagenden Blicken des Hotelpersonals ausgeladen war und wir wieder auf der Straße waren, fällt mein Blick auf seine immer noch nackten Füße. Mit einem Blick auf die Uhr, es ist kurz vor 7, sagte ich: „Komm mit, wir fahren erst mal Schuhe kaufen." „Nein ich finde schon welche." „Mich hast du gefunden, und ich kaufe dir jetzt Schuhe." Er musste lachen. „Nein, du hast mich gefunden."

Spontaneität und liebevoll Mitmenschliches, schön und gut, aber während wir mit dem Auto die Leopoldstraße nach einem Schuh-geschäft absuchen, geht mir etwas ganz anderes durch den Kopf: „Was mach ich denn, wenn er jetzt nirgendwo unterkommt? Ich kann ihn ja schlecht auf der Straße aussetzen. Nun gut, ich hab ja auch noch ein Sofa im Zimmer. Was soll sein. Ich weiß, was ich tue, und die Hotelangestellten sollen doch denken, was sie wollen, dem Rei-nen ist alles rein. Eins nach dem anderen. Endlich. Ein Globetrotterla-den, perfekt, aber teuer. Wer nicht warten kann, bis ihm gegeben wird, zahlt einen höheren Preis. Ojeh, sind diese Weisheiten an-steckend? Grinsend setzt er sich.
Nachdem die Verkäuferin seine nackten Füße begutachtet hatte, schafft sie es, eine Augenbraue zu heben. „Nehmen Sie bitte die Probierstrümpfe. Ich weiß nicht, ob wir noch welche in Ihrer Größe haben. Heute kommt jeder und will Allwetterschuhe. Aber probieren Sie doch mal die, die dort stehen. Welche Preisklasse?", fragt er. Die Schlange an der Kasse ist lang. Während ich dort stehe, stiefelt er in dem Laden voll Glück auf und ab. Er kommt zu mir und sagte leise: „Danke!" Mir fällt ein, dass ich seinen Namen gar nicht kenne. „Chri-stopher", antwortet er leicht verwundert über meine Frage. „Ich bin die Suzanne." „Ich weiß!" Ah, ja natürlich. Er hat mich wohl erkannt, denke ich leicht enttäuscht. In dem Moment spricht mich von der an-deren Seite eine Verkäuferin an. „Ich habe noch welche in Ihrer Größe gefunden. Wollen Sie sie anprobieren?" „Nein danke. Ich nehme nur diese, die der junge Mann gerade trägt." „Welchen jungen Mann meinen Sie bitte?" Er war weg. Ich sah mich nach allen Seiten um. Einfach verschwunden.

Etwas später, als ich in mein Auto stieg, um zurück ins Hotel zu fahren, machte ich automatisch das Radio an. Ich hörte gerade noch das Ende eines Berichts über eine entsetzliche Massenkarambolage auf der Strecke Berlin – München. Die letzten Stunden hatten 87 Menschen das Leben gekostet und es gab unzählige Schwerverletz-te. „Und nun zurück zum Besten aus den 80ern und 90ern…"
Und ich bin meinem Engel begegnet, ohne es zu wissen.

Suzanne von Borsody

Verlorenes Paradies

Internationales Engeltreffen

Ich kann mich noch genau daran erinnern. Als ich noch ein kleiner Bub war,
hing in meinem Schlafzimmer dieses Bild:
Ein kleiner Junge und ein kleines Mädchen klammerten sich auf einer hölzernen
Brücke ängstlich aneinander. Die Brücke
führte über eine tiefe Schlucht und einen
reißenden Bach. Hinter ihnen schwebte
hell strahlend ein Engel. Die Arme und
Flügel zum Schutz ausgebreitet. Ein schö-
nes Bild, Ich habe mich damals immer
wieder gefragt, ob es denn diese Engel
wirklich gäbe?

Vor einigen Jahren hatte ich einen schweren Motorradunfall. Ich wurde sehr schwer
verletzt. Kurz vor dem Aufprall mit dem
Auto sah ich etwas Helles, ein gleißendes
Licht oder so ähnlich. Heute bin ich davon
überzeugt, dass dies mein Schutzengel
war, der mich vor dem Tod bewahrt hat.
Obwohl meine Verletzungen schwer waren,
wurde ich geheilt. Ich lernte, das Leben
als kostbares Geschenk zu begreifen und
zu achten.

Bei dem Glück, das ich hatte, vermute ich
stark, dass zum Zeitpunkt meines Unfalls
irgendwo in der Nähe ein internationales
Engeltreffen stattfand. Mit meiner Harley
stand ich schon an der Himmelspforte.
Aber die Engel haben mich wieder auf die
Erde zurückgeschickt.

Ich bin davon überzeugt, dass Engel unter
uns und mit uns leben, denn mit einem
lebe ich sogar zusammmen, jeden Tag.

Wolfgang Fierek

Aufgelöst

Der Engel in uns

Als ich das Grab meiner Eltern besuchen wollte, fuhr ich an einem windigen Herbsttag mit dem Auto von Bochum, wo ich als junge Schauspielerin am Schauspielhaus engagiert war, nach Hattingen an der Ruhr. In Gedanken war ich bei den Eltern. Es wurde längst Zeit, das Grab der Eltern zu besuchen und einen Herbststrauß niederzulegen. Auf einer kurvigen Straße raste plötzlich ein Laster auf mich zu. Er folgte nicht dem Verlauf der Straße, sondern raste direkt auf mich zu. Es muss ein Bruchteil einer Sekunde gewesen sein, dass ich geistesgegenwärtig das Steuer herumriss und mich über den Bürgersteig zwischen zwei Allee-Bäumen vor dem rasenden Ungetüm retten konnte. Das Auto kam zum Stehen, mein Kopf sank auf das Lenkrad. Ich faltete die Hände und betete und dankte meinem Schutzengel.

Merkwürdigerweise dachte ich in diesem Moment nicht an Gott „Da muss ich wohl einen Schutzengel gehabt haben", flüsterte ich tonlos. An Gott dachte ich erst, als ich unversehrt am Grab meiner Eltern stand.

Auf Schutzengel besinnen wir uns in bestimmten Momenten, in Gefahrenmomenten. Aber sind sie nicht immer um uns? Wenn ich über eine regennasse Straße gehe und nicht strauchele? Wenn ich Kirschen vom Baum pflücke, die Leiter umstürzt und ich mich in den Zweigen festhalten kann? Dann besinne ich mich immer auf meinen Schutzengel, der mich vor Schaden bewahrt, und es fällt mir leicht, ein Dankgebet zu sprechen.

Aber, sollten wir nicht täglich unserem Schutzengel danken, einfach so, weil Engel immer um uns sind? Engel nehmen uns täglich an die Hand und machen uns stark im wahrsten Sinne des Wortes.

Kleine Kinder sind für uns Engel. Kinder tragen die Engel in sich und unschuldig glauben sie an die Engel. Mit dem Erwachsenwerden verlieren wir den kindlichen Glauben, verlieren unseren Engel. Denn den Engel tragen wir alle in uns. Wir müssen ihn nur wieder entdecken, ihm zuhören, ihn spüren, dann können wir auch Engel für andere sein. Dann sehen wir die Not, werden Beistand und Hilfe.

Diesen Engel sollten wir uns bewahren, ein Leben lang.

Marie-Luise Marjan

Zurück, Engel

Lieber Engel oder lieber nicht

Wenn ich mich zurückerinnere an meine Schulzeit, dann wurde uns im katholischen Religionsunterricht das „Leben nach dem Tod" durch drei Möglichkeiten schmackhaft gemacht.

1. Du bist ein ganz böses Mädchen und tust ein Leben lang nichts Gutes. Dann wird dir das Schmoren in der Hölle zugeteilt.
2. Du bist ein Mensch mit guten und schlechten Seiten, aber bemühst dich halt, so einigemaßen anständig zu sein. Voilà, da wäre doch das Fegefeuer genau das Richtige für dich. Ein bissel schmoren und schwitzen und nach einer kleinen Ewigkeit darfst du dann in eine höhere Instanz eintauchen.
3. Du bist eine ganz Brave, machst alles gut. Und die kleinen Fehler, die vielleicht mal passieren, werden dir in Anbetracht deiner Grundhaltung unmittelbar sofort verziehen. Ja dann darfst du beim Herrgott als Engel an seiner Seite sitzen.

Ganz ehrlich, wenn ich das so glaube, krieg ich schon ein wenig Angst, denn mehr als eine Ewigkeit Fegefeuer bekomme ich nicht hin, und da weiß ich eigentlich nicht, ob mich die Zeit dort läutern würde. Also viel lieber wäre ich da so ein Engel!!!
Ich würde die besten Parkplätze für die Menschen suchen. Ich würde bei Grillwetter immer die Sonne scheinen und im Winter mächtig Schnee auf die Pisten schneien lassen. Ich würde alle Liebenden zueinander bringen und all die, die sich nicht mehr mögen, trennen. Ich würde dem einen eine schreckliche Krankheit auf den Hals wünschen, damit sein Gegner endlich Ruhe vor ihm hätte. Ich würde Frieden schaffen bei denen, die so unendlich darauf warten, notfalls mit Waffengewalt. Ich würde Unfälle verhüten. Ich würde mehr als 1001 Wünsche erfüllen. Ich würde versuchen, es allen recht zu machen, und ich würde, würde…
Oh Gott, möchte ich wirklich ein Engel sein? Diese Millionen von egoistischen Wünschen zu koordinieren, das überfordert mich doch total.
Kann ich mein Leben nicht in die Hände der Engel legen? Vor allem wenn es eng wird und schwierig und mir der Durchblick fehlt? Wenn ich nicht weiß, wie es weitergeht im Leben, rechts, links oder geradeaus, da wäre ein Engel ganz praktisch.

Die Lösung ist zu einfach und zu bequem: Mein Schicksal in Engelhände zu legen, die werden's dann schon für mich richten. Nein, Freunde, so geht es nicht.

Erstens ist es ziemlich unfair, sich erst dann auf Engel zu besinnen, wenn man selbst nicht mehr weiter weiß. Und zweitens wirst du lange warten müssen, dass sich was ändert in deinem Leben. Denn du musst erst den „Engel der Dankbarkeit" in dir selbst finden. Du musst lernen, Dank zu empfinden, auch wenn dich manches drückt und belastet. Du musst deinen Weg, auch wenn er nicht glatt und gerade ist, lieb haben. Du musst Dank dafür empfinden, dass du lernen darfst und wachsen kannst. Drittens musst du alle deine Sinne schärfen und dich aufmachen und für alles, was um dich herum passiert, ein aufmerksames Herz haben. Sei so gut zu anderen, wie du auch gut zu dir selber bist. Dann berührt der Himmel die Erde. Ja, du musst dich lieben.

Also Du allein bist deines Glückes Schmied und Du bist auch dein Engel, der dich leitet. Vertraue auf den Gott in Dir und sei dankbar dass dir diese „Chance Leben" geschenkt ist.

Jutta Speidel

Komm, Engel

Lacht da jemand?

Als kleiner Junge sollte ich ein Abendgebet lernen und zu Trainings-zwecken überließ man es mir, dasselbe allein vorzutragen. Voll In-brunst begann ich: „Lieber Gott, mach mich fromm, dass ich in den Himmel komm." Und fuhr fort; „Vater, lass die Engel Dein,… ähh, über… ähh, ähh… unter meinem Bette sein." Das unmittelbar da-raufhin ausbrechende prustende Gelächter verletzte mich zutiefst. Hatte man mir doch immerzu deutlich zu machen versucht, dass die Engel Gottes, und zumal mein persönlicher Schutzengel, stets und „überall" ein waches Auge auf mich haben und für meine Unversehrt-heit sorgen würden. Wenn schon omnipräsent, bitte sehr, dann doch auch unter meinem Bett. Vielleicht sogar besonders da! Wer weiß denn schon, was dort für unsichtbare Gefahren lauern, nicht wahr!? So dachte ich. Aber die lachenden Erwachsenen und speziell mein feixender Bruder schüchterten mich zu sehr ein, als dass ich meine Argumentation laut vorzutragen gewagt hätte.

Nichtsdestoweniger ist es genau dieser Gedanke der Allgegenwart eines Schutzengels, der mir bis heute eine gewisse Zuversicht ver-leiht, mich in den wilden Strudeln und unwägbaren Fährnissen des Lebens halbwegs gelassen und vertrauensvoll zu bewegen. Wenn mein Schutzengel schon unter meinem Bette war, was gewiss kein einladender Aufenthaltsort und schon gar nicht für einen Boten des Himmels war, so kann ich jedenfalls darauf vertrauen, dass dieser auch im Dschungel das Alltags an meiner Seite ist.

Und in der Tat: bis zum heutigen Tag bin ich gottlob von schweren Schicksalsschlägen und Unglücksfällen verschont geblieben – und wenn mir doch einmal ein Unglück widerfuhr, so war es entweder ein selbstverschuldetes – und es ist ja wohl kaum Engelangelegenheit, dergleichen auszubügeln – oder es schien ein gewissermaßen schicksalhaft vorherbestimmtes gewesen zu sein, und in die Ent-scheidungen des Obersten Dienstherren hat ein Engel nun mal nicht einzugreifen, wiewohl ich mich des Eindrucks nicht erwehren kann, dass selbst da mein Schutzengel schon häufig ein gutes Wort für mich eingelegt hat und den Herrn milder gestimmt haben mag, als ich armer Sünder es verdient hätte. Jedenfalls fühlte und fühle ich mich wohlbehütet und hoffe, dass mein Engel mich auch fürderhin beschützen möge. Mag er unter meinem Bette, darüber oder sonst wo sein. Hauptsache in meiner Nähe. – Lacht da jemand?

Felix von Manteuffel

Im Licht

Bitte lieber Engel nimm den Husten mit

Ich erinnere mich ganz genau. Mein Sohn war drei Jahre alt. Eine richtig heftige Erkältung hatte ihn erwischt. Mit Schnupfen und Husten und allem was dazu gehört. Das ging einige Tage so. Dann sind wir doch zum Kinderarzt. Abhorchen, in den Rachen und in die Nase schauen lassen. Nichts Ernstes, ein Infekt eben. Aber eben auch für so einen kleinen Menschen unangenehm. Die Nase läuft und immer dieser Husten. Mit dem Rezept sind wir in die Apotheke und haben die Medizin geholt. Schnell stellt sich heraus, dass der Hustensaft gar nicht zu schlecht schmeckt. Am nächsten Morgen läuft unser Sohn mit seinem Medizinfläschchen in der Hand durch die Wohnung und sagt immer wieder folgenden Satz: „Bitte, lieber Engel, nimm den Husten mit! Danke!" Seitdem macht er das jedes Mal so, wenn er Husten hat. Das Schönste dabei ist: Es funktioniert! Wie es geschieht ist dabei für mich völlig unwichtig.

Ich glaube, dass wir uns diesbezüglich viel von Kindern abschauen können. Sie hinterfragen so etwas nicht, glauben uneingeschränkt und haben dadurch einen viel breiteren Zugang zu solchen Dingen, die wir nicht wissenschaftlich erklären können. Mir jedenfalls hilft der Glaube an meinen Engel in vielen Lebenssituationen.

Lara Joy Körner

Himmelslicht

Engel in der Nebenrolle

Engel sind nicht nur lieblich und niedlich. Sie sind Boten Gottes, die uns manchmal herausfordern. Der Kampf Jakobs mit dem Engel, wie er in der Bibel im Buch Genesis, Kapitel 32, 23–32, geschildert wird, hat mich in meinem Leben immer wieder beschäftigt. Eine Verwundung, die nie mehr heilt, trägt Jakob davon, als er mit dem Engel Gottes ringt. Er hinkt, denn seine Hüfte ist ausgerenkt. Im Dunkel der Nacht hat Gottes Übermacht ihn ergriffen. Mit Gott muss man ringen und bekommt ihn dann nie mehr los. Dort, wo das Menschenherz der Liebe begegnet, trägt es eine Verwundung davon, die in diesem Leben nie mehr heilt. Es bleibt dem Jakob nichts anderes übrig, als sich an Gott selbst festzuhalten. In seiner Ohnmacht isst Jakob von Gottes Allmacht berührt worden. Jetzt ist Gott sein einziger Halt. „Ich lasse dich nicht, du segnest mich denn!" Glauben heißt auf Hebräisch „Nehemin". Im „Amen" klingt es noch nach. Wörtlich übersetzt bedeutet das: Sich festmachen in Gott – festen Stand finden.

Der Glaube wird zur tiefen Wurzel, die mich trägt, auch in den Stürmen der Zeit. Wer sich so bindet in Gott, der findet sich selbst, dem wird alles zum Segen. Ich weiß, dass Gottes Hand mich hält und Gottes guter Segen mich wunderbar begleitet.

Gott wählt Engel als seine Boten. Manchmal wählt er auch Menschen aus, denn er hat keine anderen Hände als die unseren. Hauptrollen habe ich viele gespielt in meinem Leben. Am Theater und beim Film. Aber als ich vor Jahren das Elend der Kinder in Tschernobyl sah und ihrer Not persönlich in Rumänien begegnet bin, war ich so betroffen, dass ich einen Weg finden musste, um ihnen zu helfen. Daraus entstand die „Kinderluftbrücke", meine neue Nebenrolle. Viele Spender und viele Aktionen von Schulen und auch Benefizkonzerte unterstützten mich. Die Nothilfen, die ich oft persönlich überbringen durfte, waren für die Kinder wie ein rettender Engel, um den sie beteten.

In der Bibel spielen Engel nie die Hauptrolle, in den Nebenrollen sind sie gefragt. Diese „Nebenrollen" sind mir persönlich immer wichtiger geworden. Die Nebenrollen wurden auch mir zum Segen.

Witta Pohl

Engelsgleich

Rückkehr der Engel

„Was machst du?" In dieser Frage ist das moderne Selbstbewusstsein des Menschen auf eine kurze Formel gebracht. Wird man unser Jahrhundert mit ihren Menschen später als eines beschreiben, das alles selbst zu machen versuchte, eine „Self-Made-Generation"? „Was brauchen wir noch Gott?" Der „Homo faber", der Macher, emanzipiert sich von Gott. Er macht alles in eigener Regie. Wir haben es auch weit gebracht ohne Gott. Aus dem Neandertaler, der seine Steinaxt schwingt, ist ein hochqualifizierter Facharbeiter und Wissenschaftler geworden, der Flugzeuge und Computer entwirft. „Was brauchen wir da noch Gott?"
Wissenschaft und Technik haben die Welt verändert. Die Naturwissenschaften der Neuzeit haben in ihrer Welterklärung mit der Vorstellung von Geistwesen und unsichtbaren Kräften, von Engeln und Dämonen aufgeräumt. Sie waren mit physikalischen Messmethoden nirgends auffindbar. Der Kosmos wird allein durch physikalische Kräfte bewegt. In der Mitte des 20. Jahrhunderts wurde die Methode der Naturwissenschaften deutlich relativiert. Unschärfen wurden erkennbar. Die Erkenntnisse galten nur in den selbst gesetzten Grenzen. Die Naturwissenschaft verlor ihre Monopolstellung auf Weltdeutung. Die materialistische Welterklärung erwies sich als eine emotional bestimmte Grundentscheidung, nicht als wissenschaftliche Einsicht. Die moderne Physik relativierte ihre Theorien und Messmethoden, überall muss mit den sogenannten „Unschärfenrelationen" (Albert Einstein, Werner Heisenberg) gerechnet werden.
Die Relativierung der Naturwissenschaften begünstigte das Aufkommen einer neuen Religiosität. Man spricht vom „Megatrend Religion" und der „Rückkehr der Engel", an deren Existenz die Hälfte unserer Bevölkerung inzwischen glaubt. Gerade die moderne Physik zeigt uns, dass das Sichtbare und das Messbare nicht die ganze Wirklichkeit darstellen. Die Energiequellen und Kraftfelder unseres Lebens sind mit wissenschaftlichen Geräten allein nicht fassbar. Die Psychologie sagt uns schon lange, dass für unsere seelische Gesundheit die Symbolwelten unseres Geistes wichtig sind. Mythen und Märchen, Engel und Geistwesen bergen heilende Kräfte.

Auf vielen Wegen kommen wir heute mit Engeln in Berührung. Menschen, die im Koma lagen oder bereits klinisch tot waren, berichten von Begegnungen mit Lichtgestalten. Die „Rückkehr der Engel" war auch durch die Beschreibung der Nahtod-Erlebnisse möglich. Elisabeth Kübler-Ross sieht in diesen Erlebnissen Beweise für die Existenz von Schutzgeistern. Was die Kirchen den kleinen Kindern hinsichtlich ihrer Schutzengel erzählen, beruht für Kübler-Ross auf Tatsachen. Aus ihren vielen Interviews mit Sterbenden wächst ihre Überzeugung von der Existenz der Engel, die uns auf unserem Lebensweg begleiten. Bei den „Beweisen" der sogenannten Sterbeforscher geht es immer um persönliche Begegnungen. Das Kennzeichen eines „Engels" liegt in der Deutung einer Erfahrung. Wir können oft nicht unterscheiden, ob solche Bilder Traumbilder sind oder Visionen oder ob die Engel tatsächlich mit den normalen Augen gesehen werden können. Das ist auch nicht entscheidend. Ob Traumbilder, Visionen oder sichtbare Geistwesen, immer handelt es sich um Erfahrungen, in denen dem Menschen etwas widerfährt, was er als Engel versteht, als Boten Gottes (Kübler-Ross). Im Engel kommt uns Gottes heilende und schützende Nähe erfahrbar entgegen. Wir müssen nicht an die Engel glauben. Engel sind nicht Gegenstand unseres Glaubens. Glauben können wir nur an Gott. Aber in den Engeln kann sich der Glaube an Gottes Liebe und Sorge um uns konkretisieren und verdichten.

Voraussetzung für die Wahrnehmung von Engeln ist die Bereitschaft, auf ihre Spuren in unserem Leben zu achten. Die Stimme meines Engels höre ich nicht nur von außen, sondern auch von innen. Nach innen lauschen, im Lärm die leisen Warnungen hören, hat eine Voraussetzung: Ich muss still werden. Ich muss hören und bereit sein, mich leiten zu lassen. Wenn ich autonom schon alles selbst entschieden habe, hat mein Engel keine Chance.

Meistens sprechen sie leise, manchmal stellen sie sich uns in den Weg. Der Warnruf des Gewissens ist wie ein Engel, der uns vor Bösem bewahren will. Die Ahnung der Gefahr, die wir wittern wie ein Tier, ist wie ein Engel, der uns bei der Hand nimmt. Die Sehnsucht im Herzen ist wie ein Engel, um im Grau des Alltags vom Glanz des Himmels zu träumen.

Nun braucht keiner mehr in unserer aufgeklärten Generation zu erröten, wenn er sein Zimmer mit Engelbildern schmückt. Diese Wesen mit ihren Flügeln sind uns schon längst wieder ein vertrauter Anblick. Die Flügel sagen nicht zuerst, dass Engel Raum und Zeit wie „im Flug" überwinden, sie sagen vor allem, dass Engel Boten aus einer anderen Welt sind. Der Himmel berührt unsere Erde. Die Flügel sagen, dass Maß und Zahl nicht allein gültig sind, sondern dass göttliche Kräfte uns neu beleben können. Von guten Mächten getragen und geborgen, können wir wieder an das uralte Psalmwort glauben: „Im Schatten deiner Flügel finde ich Zuflucht, bis das Unheil vorübergeht" (Ps 57).

Auch Menschen sind Boten Gottes. Immer hat Gott seine Propheten geschickt, und sie mussten reden, auch wenn sie manchmal nicht reden wollten. Jesus hat Menschen zu seinen Aposteln erwählt und ausgesandt. „Geht und verkündet!" ist der wiederholte Auftrag Jesu an seine Jünger. Jeder kann für den anderen zum Gesandten Gottes werden, auch wenn er sich seiner Sendung nicht bewusst ist. Was wäre aus mir geworden, wenn mir nicht immer wieder Menschen begegnet wären, die mir ein Wort sagten, das ich mir selbst nicht sagen konnte? So kann ich für dich und du für mich zum Engel werden. So können wir einander Engel sein und das Gesicht der Welt verändern.

Erich Purk

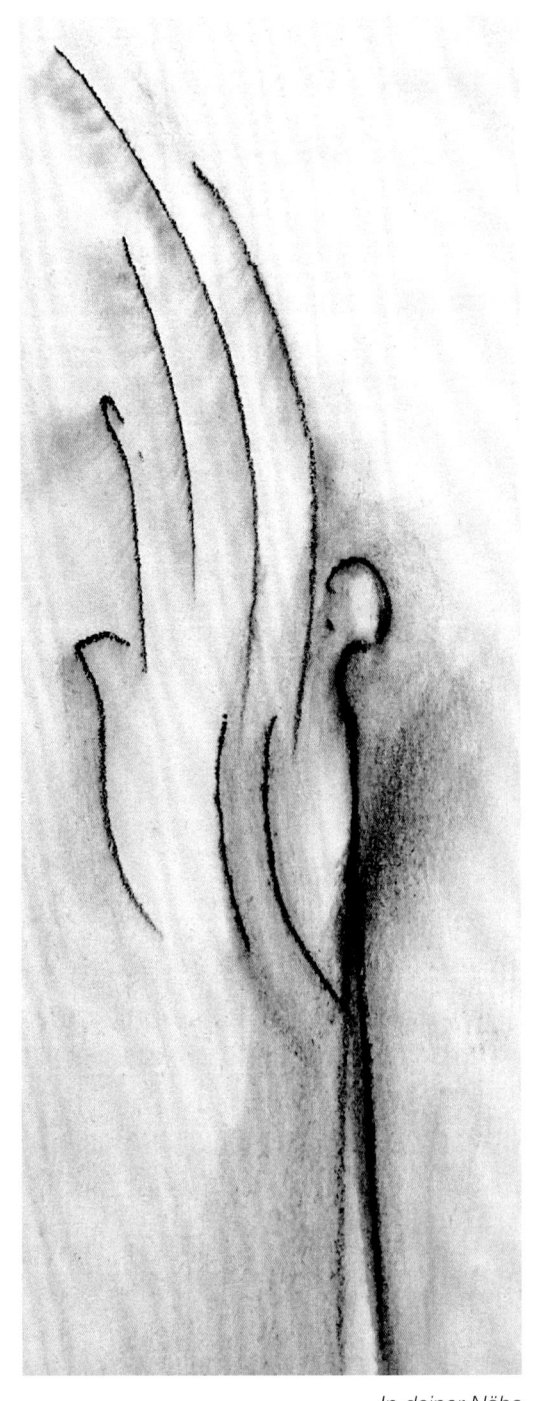

In deiner Nähe

Schutzengel sind persönliche Wegbegleiter

Tief in uns lebt der Wunsch, einen verlässlichen Freund und Wegbegleiter zu finden. Denn eine neue Einsamkeit wächst heran. Trotz Telefon und Television, trotz Internet und … trotz engem Zusammenleben und organisierter Freizeitgestaltung klagt jeder fünfte Bundesbürger, dass er sich einsam fühlt. In unseren großen Städten lebt die Hälfte der Bevölkerung in Ein-Personen-Haushalten.

„Er befiehlt seinen Engeln, dich zu behüten auf all deinen Wegen. Sie tragen dich auf ihren Händen, damit dein Fuß nicht an einen Stein stößt." Gerade die allein stehen und ihre Einsamkeit spüren, werden diese Worte des Psalm 91 mit Aufmerksamkeit aufnehmen.

Engel zeigen, dass der Gott der Bibel ein menschenfreundlicher Gott ist. Er genügt sich nicht selbst fern über Wolken. Er hat ein leidenschaftliches Interesse an uns Menschen. Er zeigt sich als mitgehender Gott. Er begleitet sein Volk durch die Wüste. Er ist sogar vom Himmel herabgestiegen. Die Menschwerdung seines Sohnes ist das unüberbietbare Zeichen seiner Liebe zu uns Menschen. Das Kind im Stall. „So sehr hat Gott die Welt geliebt", schreibt der Evangelist Johannes. Heilsgeschichte ist eine Liebesgeschichte. Und in diese Beziehungsgeschichte Gottes mit uns Menschen gehören die Engel. Engel sind persönliche Wegbegleiter. Gott selbst hat sie uns zugedacht. Sie sind nicht Projektion unserer Wünsche. Ich muss sie nur einladen und entdecken. Sie drängen sich nicht auf.

Gott bleibt nicht auf Distanz. Er hat einen jeden von uns gern. Ich bin überzeugt, dass Gott jeden Menschen ganz persönlich ins Herz geschlossen hat. Er will das Glück für jeden. Aber er achtet die Freiheit des Menschen. Gott hat nicht nur meinen Namen in seine Hand geschrieben, er hat mir einen Wegbegleiter zur Seite gestellt, der mit mir geht durch dick und dünn, meinen Schutzengel.

Der Schutzengel ist wie das Antlitz Gottes, das nach mir schaut, ist wie die Hand, die er mir auf rutschigen Wegen reicht, ist wie der Schild, der mich vor Bösem bewahrt. Weil alles von Gott wunderbar erschaffen ist und von seinem Geist beseelt, wecken die Engel in uns die Aufmerksamkeit, die uns die Lust am Leben entdecken lässt. „Von guten Mächten wunderbar geborgen" erfahren wir jeden Tag, dass Gott mit uns ist. Durch seine Engel begleitet und behütet er uns. Sie bestärken und ermutigen uns, sie trösten und ermahnen uns. Engel stellen sich uns, wenn es sein muss, auch in den Weg. Immer wollen sie Gutes für uns. Verzagte erfahren ihre Nähe,

Schwache verbünden sich mit ihnen, Irrende erfahren ihre Hilfe. Den Suchenden weisen sie den Weg, Sie sammeln alle guten Kräfte in uns und schaffen wieder Ordnung in unserem Chaos.

Der Schutzengel geht neben mir wie ein Freund und Wegbegleiter. Er ist in mir wie die Quelle der Kraft und des Trostes. Es wacht in mir über meinen Weg und lenkt meine Schritte. Er weint mit mir und freut sich über das Licht, das die Dunkelheit meines Herzen vertreibt. Der Schutzengel ist eine Aufmerksamkeit Gottes, ein Liebesbeweis für jeden einzelnen. Darauf möchte ich vertrauen. So wie als Kind. Es ist doch die schöne Seite des Kinderglaubens, die sich ausdrückt in lieblichen, oft kitschigen Schutzengelbildern. Als wir in meinen Kindertagen unser neues Haus bezogen und ich zum ersten Mal ein eigenes Zimmer bekam, da ging mein Vater mit mir in ein Geschäft. Ich durfte mir persönlich ein Bild aussuchen. Ich wählte ein großes Schutzengelbild, das jahrelang über meinem Bett hing. Ein kleines Mädchen und ihr Bruder überschritten auf einer baufälligen Brücke einen reißenden Bach. Hintern ihnen stand der Schutzengel mit seinen farbigen, wunderschönen Flügeln. Ich freute mich, als ich dieses Bild vor kurzem im Schlafzimmer der Enkel meines Bruders wiedersah.

Zur Begründung des persönlichen Schutzengels für die Kinder wird oft ein Jesuswort zitiert: „Wer einen von diesen Kleinen, die an mich glauben, zum Bösen verführt, für den wäre es besser, wenn er mit einem Mühlstein um den Hals im tiefen Meer versenkt würde… Hütet euch davor, einen von diesen Kleinen zu verachten! Denn ich sage euch: Ihre Engel im Himmel sehen stets das Angesicht meines himmlischen Vaters" (Mt 18,6 und 10). Im Matthäusevangelium werden die Kinder für alle genannt, die schwach und verachtet sind. Die „Kleinen" sind die Lieblinge Gottes. Sie stehen unter seinem besonderen Schutz. Das sind nicht nur leere Worte, sondern wie eine Warnung heißt es: Ihre Engel treten für sie ein. Sie sind ihre Anwälte, denn sie „sehen stets das Angesicht Gottes". Schutzengel sind verlässliche Verbündete der Kleinen und der Schwachen, der Wehrlosen und der Suchenden, nicht nur ihre, aber doch ganz besonders ihre.

Der Psalm 91 umschreibt ausführlich, wie Gottes heiliger Engel uns auf allen Wegen behütet. Viele haben den Psalm zum persönlichen Abendgebet gemacht: „Gott wird dich beschützen mit den Flügeln seiner Engel. Unter ihnen kannst du Zuflucht finden, wenn das Grauen der Nacht dich verfolgt; und unter ihre Fittiche dich bergen, wenn die Fehler des Tages dich jagen.

Im Glanz

Wenn es sein muss, tragen die Engel
dich auf ihren Händen in den Zeiten,
die für dich nicht zu ertragen sind.
Dann helfen seine Engel dir wieder auf.
Gott hat seinen Engeln ans Herz gelegt, dass sie dich behüten, und
nie mehr verlassen" (nach Psalm 91).
Denn Engel sind die Boten der Zärtlichkeit Gottes für alle Zeit.

Auch Johann Sebastian Bach wusste
um die Engel und schrieb eine Kantate
zum Michaelisfest am 29. September
1726 mit dem Titel „Es erhub sich ein
Streit" (BWV 19). Sowohl Chor als auch
Rezitativ singen von den Engeln, wohl
am schönsten der helle Tenor in einer
Arie. In ergreifender Innigkeit unter-
streicht die Musik mit all ihren Tönen
die bittenden Worte. Offensichtlich hat
Bach gespürt, wie wichtig Engel für unser Leben sein können:

Bleibt; ihr Engel, bleibt bei mir!
Führet mich auf beiden Seiten,
dass mein Fuß nicht möge gleiten,
aber lehrt mich auch allhier
euer großes Heilig singen
und dem Höchsten Dank zu bringen.

Menschen haben ihre ganz persönlichen Erfahrungen mit den Engeln
gemacht, haben ihren Schutzengel
gespürt, um sie herum, in ihnen, ganz
in ihrer Nähe unmittelbar. Davon erzählen die Geschichten in diesem
Buch. Die Gegenwart Gottes, seine
Zuwendung und seine Liebe ist erfahrbar geworden.

Bleibt; ihr Engel bleibt.

Erich Purk

Verweilen

Gedanken zu den Bildern
von Irmtraud Schniedenharn

Groß müssen sie sein, die Engel, damit sie Ausschau halten und helfen können, groß ihre Flügel, um zu bergen und zu beschützen. Engel dieser Art, die wir Schutzengel nennen, sind nie sie selbst, sie sind immer andere, manchmal erkennbar in einem Menschen, aber immer erst später.

Die jüdische Dichterin Else Lasker-Schüler schreibt in einem Gedicht „An meine Mutter“: „Warst du der große Engel, der neben mir ging?“ Engel sind anschaulich vorstellbar, die Schutzengel im besonderen. Die mittelalterliche Malerei hat uns wunderbare Bilder geschenkt, die bis heute unsere Vorstellungen bis in die Werbung hinein prägen. In unserer Alltagserfahrung erscheinen sie uns oft in der Gestalt eines Menschen, der uns zu Hilfe gekommen ist, uns vor Schaden bewahrt hat oder etwas gelingen ließ, was aussichtslos war. In unseren Gebeten um Schutz und Hilfe sind sie vielleicht weniger konkret, denn wir wissen nicht, in welcher Gestalt Gott einen Engel schicken wird. Es gibt Erfahrungen, in denen nichts Gestalthaftes gegenwärtig ist und doch haben wir die Gewissheit, dass ein Engel am Werk gewesen sein muss, wenn wir einer Gefahr entronnen sind. Wir wissen nichts über die Wesenheit der Engel außer dem, was die Bibel berichtet.

Für Irmtraud Schniedenharn ist die Wesenheit der Engel ein zentrales Thema, wenn ich ihre Bilder anschaue: Groß und schmal sind sie, übergroß fast, bildfüllend, mit riesigen Flügeln, manchmal größer als die Gestalt selbst. Immer sind die Flügel ausgebreitet, eine Gestalt sorgsam umfassend. Schutzengel eben. Sie entsprechen ganz den biblischen Bildern. Flügel sind eine Metapher für Schutz und Geborgenheit. Gott selbst nimmt den Menschen unter seine Flügel wie es von Jakob in dem großen Lied des Mose heißt: *(Der Herr) fand ihn in der Steppe…, er hüllte ihn ein, gab auf ihn acht und hütete ihn … wie der Adler, der sein Netz beschützt und über seinen Jungen schwebt, der seine Schwingen ausbreitet, ein Junges ergreift und flügelschlagend davonträgt* (Deut 32, 10,11). Auch in den Psalmen sind es die Flügel Gottes, unter die der Mensch sich flüchtet: *Behüte mich wie den Augapfel…, birg mich im Schatten deiner Flügel…* (Ps 17, 8). *Die Menschen bergen sich im Schatten deiner Flügel* (Ps 36, 8; u.ö.). Flügel sind also ein Wesensmerkmal der Engel und sie haben nicht nur eine Schutzfunktion, sondern sind Zeichen ihrer Hoheit. In den großen Visionen der Offenbarung und den Berufungsgeschichten des Alten Testaments haben die Engel sechs Flügel, mit denen sie sich

Der Rufende

bedecken. So heißt es in der Berufungsgeschichte Jesaias: *Im Todesjahr des Königs Usija sah ich den Herrn. Er saß auf einem hohen und erhabenen Thron .... Serafim standen über ihm. Jeder hatte sechs Flügel: Mit zwei Flügeln bedecken sie ihr Gesicht, mit zwei bedeckten sie ihre Füße und mit zwei flogen sie...* (Jes 6, 1). Schon diese wenigen Stellen zeigen, was für ein verkürztes Engelbild wir haben, wenn wir sie auf ihre Schutzfunktion reduzieren und funktionalisieren.

Die Engelbilder von Irmtraud Schniedenharn repräsentieren beides, den Schutzengel und den Engel im Angesicht Gottes in seiner Schönheit und Reinheit. Es gibt drei charakteristische Darstellungsweisen der Engel, die ich hervorheben möchte: Schutzengel sind ganz anschaulich dargestellt mit klarem Strich, in fest umrissener Gestalt stehen sie da, um ihren Auftrag zu erfüllen, die Schutzbedürftigen mit ihren riesigen Flügeln umarmend schauen sie nach vorn, wenden sich an den Betrachter oder schauen auf ihre Schützlinge. Sie haben Gesichter und Hände (S. 33).
Dann aber gibt es den Engel, der allein steht, einmal gestalthaft, zum anderen aber auch in einer Form von Gestaltlosigkeit, die seine Umrisse nur ahnen lässt. Seine sichtbare Unsichtbarkeit, seine Gesichtslosigkeit machen für mich deutlich, dass Engel auch in ihrer Schutzfunktion andere Erscheinungsweisen haben als nur die der menschlichen Gestalt (S. 30). Während die mittelalterliche Malerei uns den Engel in Menschengestalt nahe gebracht hat, sind unsere Engelerfahrungen heute vielleicht weniger gestalthaft, vielmehr abstrakter, wie die abstrakte Malerei uns die Dinge sehen gelehrt hat.
Es gibt daneben noch eine dritte Gruppe von Engelgestalten, die in ihrer klaren weißen Schönheit und Reinheit ganz Gott zugewandt scheinen. Ihre Kopfhaltung ist nicht nach vorne, sondern seitwärts ausgerichtet. Sie haben keinen Auftrag für den Menschen, sie sind ganz sie selbst im Angesicht Gottes. Ihre Flügel sind heil und ihre Gestalt unantastbar und heilig (S. 44).
Wie anders dagegen der große einsame Engel, den ich den „schreienden" nenne (S. 51). Aufrecht sich in den Himmel reckend steht er da, halb links nach hinten gewandt, die Flügel auf dem Rücken zusammen gelegt, sie bilden nur noch einen schmalen ausgefransten Rist, verbrannt, als käme er aus dem Feuer. Der Kopf erhoben, der rechte Arm, bis zum Ellenbogen angewinkelt, folgt der Bewegung des Kopfes, als wollte er ihn schützend vor sein Gesicht heben. Mit weit geöffnetem Mund schreit er das Elend der Welt oder auch seinen eigenen Schmerz Gott ins Angesicht. Er ist ein Versehrter, dieser schreiende Engel. (In der Nachkriegszeit gab es das Wort „Kriegs-

Zurückgeschaut

versehrter". Darin steckt das althochdeutsche Wort sêr ‚Schmerz'. Dieses Wort gibt es heute nicht mehr, nur der Sachverhalt ist geblieben.) Er ist ein Versehrter, dieser Engel. Er hat gelitten. Er war mitten in der Katastrophe, Blut ist an seinem Gewand, die Flügel zerfranst, angesengt vielleicht von einem verheerenden Feuer, bis auf die Knochen zerstört. Diese Flügel können nicht mehr schützen. Er hat gelitten, mit den Menschen gelitten, die er beschützt hat. Anders die Engel der Bibel. Sie schreien nicht und sie leiden nicht, sie sind unverwundbar. Sie helfen, aber sie leiden nicht mit. Sie gehen, sobald sie ihren Auftrag erfüllt haben. Dieser Engel aber ist mittendrin, mit uns, mit seinen Wunden und seinem Schmerz. Wie Menschen, die helfen, selbst verletzt werden oder gar ihr Leben verlieren für einen anderen, so auch dieser Engel.

Die Botschaft dieses Engels ist: Ich bin einer von euch.

Prof. Dr. Edeltraut Bülow

Die Boten

Fra. Bruno

Er ist ein „Kommunikationsweltmeister", meint Ulrich von Dobschütz.[1] In Rom waren sie Freunde geworden. Bruno war als Pförtner in der Zentrale des Weltordens der Kapuziner eingesetzt. Als er nach Deutschland versetzt wurde, brachte er seine Kontaktfähigkeit mit. Er lädt Jan-Josef Liefers, Witta Pohl oder Robert Atzorn zu Lesungen in unser Kloster in Münster ein. Auch Lesli Malton und ihr Mann Felix von Manteuffel, Suzanne von Borsody und Ralf Bauer kommen und fühlen sich in klösterlicher Atmosphäre wohl.

Bruder Bruno macht's möglich. Er kennt unglaublich viele Persönlichkeiten aus Film und Fernsehen. Er vermittelte Sabine Christiansen und Vicky Leandros eine Audienz bei Papst Benedikt, weil Monsignore Georg Gänswein, der Privatsekretär des Papstes, sein Landsmann und Freund ist.

Ich habe vor ein paar Jahren zwei Bücher über Engel geschrieben. Bruno hatte großen Bedarf, denn er verschenkte diese Engelbücher seinen befreundeten Persönlichkeiten. Er kannte sich aus und wusste, dass viele Künstler ihren Talismann brauchten oder eine intensive Beziehung zu ihrem Engel pflegten. So ist dieses Buch entstanden. Immer wieder bekam ich persönliche Geschichten von Künstlerinnen und Künstlern als E-Mail oder Brief zum Thema „Engel" geschickt. Es hätte ein dickes Buch werden können. Es ist jetzt sein Buch, ein bunter Blumenstrauß von Erlebnissen, Ansichten und Begegnungen mit Engeln.

Was ich an Bruno besonders schätze? Er ist für die Schauspieler nicht nur in Glanzzeiten ein guter Ansprechpartner. Auch in schwierigen Situationen weiß er zu ermutigen. So hat er zum Beispiel während und nach der kirchlichen Beerdigung von Günter Strack und Klaus Löwitsch, die beide Bruno ihren guten Freund nannten, die Witwen in ihrer Trauer begleitet und bleibt ihnen in Freundschaft weiterhin verbunden. Denn die beste Medizin für den Menschen ist der Mensch!

Erich Purk

1) Ulrich von Dobschütz, „Bruno und die sieben Geister". Aus: Lächeln aus Stein, Aphaia Verlag, Berlin. S. 17